LES INDISPENSABLES EN CUISINE

VÉRONIQUE LIÉGEOIS
PHOTOGRAPHIES ET STYLISME :
ÉMILIE LARAISON

Petits plats light

SOLAR

Édito

Vous débutez en cuisine ? Vous êtes pressé par le temps ou disposez de moyens limités ? Vous voulez apporter de l'équilibre à vos assiettes ? Vous ne manquerez plus d'idées pour faire face à tous les impératifs et toutes les occasions du quotidien.

Véronique Liégeois, diététicienne-nutritionniste, a imaginé pour vous 90 recettes super faciles de cuisine minceur. Elle vous offre dans ce livre ses secrets pour parvenir à l'équation idéale d'une cuisine saine vraiment simple et rapide, ou comment, avec peu d'ingrédients et aussi peu d'étapes, proposer des recettes légères et originales.

Découvrez ainsi l'essentiel pour élaborer des petits plats, en-cas ou desserts équilibrés privilégiant les produits de saison et révélant de nouvelles associations gourmandes.

Déclinez vos envies de légèreté avec des recettes qui redonneront du goût à votre cuisine de tous les jours.

Pouvoir associer simplicité, minceur et saveurs en cuisine, c'est indispensable !

Sommaire

Pancakes au lait de noisette

Pour **4 personnes (12 pancakes)**
Préparation : **10 min**
Cuisson : **30 min**

100 g de farine de riz blanche – 50 g de farine de riz complète – 3 œufs
15 cl de lait de noisette – 40 g de sucre complet – 1 sachet de sucre vanillé
1/2 sachet de levure chimique – 2 cuil. à soupe d'huile de colza
3 cuil. à soupe de sirop d'agave bio pour servir – 1 pincée de sel

1 Mélangez dans un saladier la farine de riz blanche et la farine de riz complète, la levure, le sucre complet, le sucre vanillé et le sel.

2 Ajoutez les œufs, le lait de noisette et 1 cuillerée à soupe d'huile de colza. Mélangez au fouet.

3 Faites cuire les pancakes dans une petite poêle légèrement huilée, 2 minutes sur chaque face. Disposez-les sur une assiette, ajoutez un peu de sirop d'agave et dégustez chaud.

Muesli au yaourt de soja et au kiwi

Pour **4 personnes**
Préparation : **15 min**

100 g de flocons d'avoine – 40 g de flocons de millet – 4 kiwis coupés en morceaux – 2 bananes coupées en morceaux – 30 g d'amandes hachées grossièrement – 4 yaourts au soja nature – 30 g de cranberries
30 g de baies de goji – 4 cuil. à café de sirop d'agave bio

1 Répartissez les flocons d'avoine et de millet dans 4 bols.

2 Ajoutez 1 yaourt au soja dans chaque bol, répartissez les fruits découpés, les amandes hachées, les cranberries et les baies de goji.

Granola maison, yaourt et fraises

Pour **4 personnes**
Préparation : **15 min**
Cuisson : **8 min**

120 g de flocons d'avoine – 40 g de flocons de soja – 40 g de noisettes hachées grossièrement – 40 g de noix de macadamia hachées grossièrement
30 g de raisins secs – 2 cuil. à soupe de sucre roux – 4 yaourts nature
400 g de fraises

1 Préchauffez le gril du four. Étalez sur une plaque à pâtisserie les flocons de soja et d'avoine, ainsi que les noisettes. Saupoudrez de sucre roux.

2 Faites dorer au four 8 minutes, en remuant à mi-cuisson. Laissez tiédir.

3 Rincez et équeutez les fraises. Coupez-les en morceaux.

4 Versez les yaourts dans 4 bols. Ajoutez le granola, les noix de macadamia hachées et les raisins secs. Décorez avec les fraises et servez aussitôt.

Gâteau superfacile aux prunes

Pour **8 personnes**
Préparation : **15 min**
Cuisson : **35 min**

300 g de prunes surgelées, dénoyautées et coupées en deux – 1 tasse de farine de riz – 2 tasses de farine de blé – 1 tasse de lait de soja – 3 œufs 1 tasse d'huile de colza – 1/2 tasse de sucre roux + 1 cuil. à soupe – 1 sachet de levure chimique – 1/2 tasse de poudre d'amandes – 1 pincée de sel

1 Préchauffez le four à 180 °C (th. 6). Mélangez dans un saladier la farine de riz, la farine de blé, le sucre roux, la levure, la poudre d'amandes et le sel. Mélangez.

2 Ajoutez le lait de soja, l'huile de colza et les œufs. Mélangez à la spatule pour obtenir une pâte lisse.

3 Versez la pâte dans un moule rond. Répartissez les demi-prunes sur la pâte.

4 Saupoudrez de 1 cuillerée à soupe de sucre et faites cuire 35 minutes au four.

5 Démoulez et dégustez tiède ou froid.

Galettes au son, dés de poire

Pour **4 personnes**
Préparation : **10 min**
Cuisson : **25 min**
Repos : **10 min**

200 g de son d'avoine – 4 œufs – 30 cl de lait demi-écrémé – 1 sachet de sucre vanillé – 2 poires – 30 g de sucre roux – 1 pincée de sel

1 Pelez les poires, coupez-les en petits dés en éliminant le centre. Épongez-les, faites-les caraméliser à feu vif dans une large poêle avec le sucre roux pendant 5 minutes.

2 Mélangez le son d'avoine, les œufs, le lait, le sel et le sucre vanillé. Laissez reposer 10 minutes pour que le son gonfle.

3 Faites cuire 4 galettes dans une poêle antiadhésive bien chaude, pendant 3 minutes sur chaque face.

4 Servez les galettes tièdes, nappées de poires caramélisées.

Breadcake à la banane

Pour **6 personnes**
Préparation : **20 min**
Cuisson : **45 min**

200 g de farine de blé – 50 g de farine de coco – 2 bananes mûres – 2 œufs
60 g de margarine riche en oméga-3 – 60 g de sucre roux – 1 sachet de sucre vanillé – 1 sachet de levure chimique – 4 cuil. à soupe de lait de coco
1 pincée de sel

1 Préchauffez le four à 150 °C/180 °C (th. 5-6) selon la puissance du four. Pelez les bananes, écrasez-les à la fourchette.

2 Mélangez dans un saladier la farine de blé et la farine de coco, le sucre roux, le sucre vanillé, la levure et le sel.

3 Ajoutez les bananes écrasées, les œufs, la margarine fondue et le lait de coco. Mélangez pour obtenir une pâte lisse.

4 Versez dans un moule à cake et faites cuire 45 minutes au four. Laissez refroidir avant de démouler.

Barres de céréales et fruits secs au sucre de coco

Pour **6 personnes (12 barres)**
Préparation : **15 min**
Cuisson : **20 min**

80 g de flocons d'avoine – 80 g de flocons de millet – 80 g de flocons de soja toastés – 30 g de sésame blanc – 30 g de noisettes hachées grossièrement 30 g d'amandes hachées grossièrement – 50 g de raisins sultanine 40 g de miel liquide – 2 cuil. à soupe de sirop d'agave – 2 cuil. à soupe de sucre de coco

1 Préchauffez le four à 180 °C (th. 6). Mélangez les flocons de céréales et de soja, le sésame, les noisettes et les amandes hachées, les raisins, le sucre de coco, le miel et le sirop d'agave.

2 Versez dans un moule antiadhésif carré ou rectangulaire, sur une épaisseur de 1,5 cm. Tassez légèrement avec le plat de la main.

3 Faites cuire 20 minutes au four, puis laissez complètement refroidir.

4 Découpez en barres de 3 × 5 cm environ.

Tartines légères de pain noir, poire et tomme de chèvre

Pour **4 personnes**
Préparation : **20 min**
Cuisson : **5 min**

4 tranches de pain de seigle noir (pumpernickel) – 2 poires pelées et coupées en fines tranches – 4 fines tranches de tomme de chèvre (80 g) – 8 tranches de jambon de dinde – 40 g de fromage frais à tartiner à 0 % MG (type Carré Frais®) – 30 g de graines de tournesol – poivre

1 Toastez légèrement les tranches de pain noir au grille-pain.

2 Faites dorer les graines de tournesol dans une petite poêle, sans ajouter de matière grasse, à feu moyen.

3 Retirez la croûte de la tomme de chèvre.

4 Tartinez le pain de fromage frais, ajoutez 2 tranches de jambon de dinde sur chaque tartine, 1 tranche de tomme, puis les poires.

5 Poivrez, décorez avec les graines de tournesol grillées et dégustez aussitôt.

Porridge au lait d'avoine et à la cannelle

Pour **4 personnes**
Préparation : **10 min**
Cuisson : **5 min**

160 g de flocons d'avoine – 80 cl de lait d'avoine – 40 g de cranberries
1 pomme granny – 3 pincées de cannelle – 1 cuil. à soupe de miel liquide

1 Versez le lait d'avoine et les flocons dans une casserole. Portez à ébullition et laissez cuire à feu doux 5 minutes en remuant.

2 Retirez du feu. Ajoutez les cranberries et la cannelle, mélangez.

3 Lavez la pomme, coupez-la en tout petits dés sans la peler.

4 Répartissez le porridge dans 4 bols, ajoutez des dés de pomme et un filet de miel.

Œufs brouillés au parmesan

Pour **4 personnes**
Préparation : **10 min**
Cuisson : **10 min**

3 cuil. à soupe de fromage blanc à 20 % MG – 30 g de parmesan râpé + 20 g de copeaux – 1 bouquet de ciboulette rincé et haché – 1 cuil. à café d'huile d'olive – 1 cuil. à café de graines de pavot bleu – sel et poivre

1 Battez les œufs, ajoutez le fromage blanc, le parmesan râpé et la ciboulette. Salez modérément et poivrez.

2 Faites chauffer l'huile dans une casserole. Versez les œufs et faites cuire à feu doux en remuant avec une spatule.

3 Quand les œufs épaississent, retirez du feu. Répartissez dans 4 ramequins, décorez avec les copeaux de parmesan et le pavot bleu. Servez aussitôt.

Chaï latte léger

Pour **1 personne**
Préparation : **5 min**
Cuisson : **10 min**

1 cuil. à café de thé Earl Grey – 5 cl de lait demi-écrémé – 3 capsules de cardamome – 1 rondelle de gingembre – 1 clou de girofle – 1 cuil. à café de sucre roux

1 Portez à ébullition 30 cl d'eau de source avec les capsules de cardamome, le gingembre et le clou de girofle.

2 Laissez bouillir 3 minutes, ajoutez le thé et retirez du feu. Laissez infuser 5 minutes.

3 Filtrez, ajoutez le lait chaud et le sucre et dégustez aussitôt.

Smoothie énergie

Pour **1 personne**
Préparation : **10 min**

1 banane pelée et coupée en morceaux – 1/4 de mangue pelée et coupée en morceaux – 10 cl de pur jus d'orange – 1 cuil. à café de germes de blé 1 cuil. à café de poudre de maca

1 Versez le jus d'orange dans un blender, ajoutez la banane et la mangue puis mixez.

2 Ajoutez ensuite les germes de blé et la poudre de maca.

3 Mixez quelques secondes et dégustez aussitôt.

Smoothie bonne mine

Pour **1 personne**
Préparation : **10 min**

2 carottes – 1 tranche de melon (150 g) – 3 abricots – 3 feuilles de basilic
1 pincée d'urucum (poudre disponible en magasin bio) – 1 pincée de paprika

1 Rincez le basilic. Lavez les carottes et les abricots. Pelez le melon, éliminez les graines.

2 Passez les carottes, les abricots dénoyautés et le melon à la centrifugeuse avec le basilic.

3 Ajoutez l'urucum et le paprika dans le jus obtenu. Dégustez aussitôt.

Kéfir fraise mangue

Pour **1 personne**
Préparation : **10 min**

15 cl de kéfir (boisson issue de la fermentation de grains de kéfir dans du lait ou des jus de fruits sucrés) – 100 g de fraises lavées et équeutées
1/2 mangue pelée et coupée en morceaux – 1 pincée de curcuma
3 feuilles de menthe rincées et hachées

1 Mixez le kéfir, les fraises, la mangue et le curcuma 30 secondes dans un blender.

2 Versez dans un grand verre, ajoutez la menthe et dégustez aussitôt.

Cocktail détox

Pour **4 personnes**
Préparation : **10 min**

10 cl de pur jus d'orange – 5 cl de pur jus de pomelo – 1 poignée de roquette rincée et essorée – 1 poignée de pousses d'épinards rincée et essorée 1/2 cuil. à café de klamath en poudre (micro-algue disponible en magasin bio) – poivre

1 Passez la roquette et les épinards au blender avec les jus d'orange et de pomelo.

2 Poivrez légèrement, ajoutez la poudre de klamath et mélangez.

3 Versez dans un verre et dégustez aussitôt.

Faisselles de chèvre, pois gourmands et graines de tournesol

Pour **4 personnes**
Préparation : **20 min**
Cuisson : **10 min**

4 faisselles de chèvre égouttées – 120 g de pois gourmands
100 g de tomates cerises rincées et coupées en deux – 1 cuil. à soupe d'huile de tournesol vierge – 2 cuil. à soupe de vinaigre balsamique rouge – 5 brins de persil plat rincés, effeuillés et hachés – 1 brin de menthe rincé, effeuillé et haché – 30 g de graines de tournesol – sel et poivre

1 Équeutez les pois gourmands et plongez-les dans une casserole d'eau bouillante. Laissez-les cuire 3 minutes.

2 Passez-les sous l'eau froide et égouttez-les.

3 Faites dorer les graines de tournesol 3 minutes dans une petite poêle, sans matière grasse.

4 Mélangez l'huile de tournesol et le vinaigre balsamique, salez et poivrez. Démoulez les faisselles, ajoutez autour les pois gourmands et les tomates découpées.

5 Versez la sauce et parsemez les herbes. Dégustez aussitôt.

Tartinade de fèves à l'orientale

Pour **6 personnes**
Préparation : **25 min**
Cuisson : **15 min**

300 g de fèves surgelées – 1 petite courgette lavée et coupée en petits dés
1 oignon pelé et haché – 1 gousse d'ail pelée et hachée – 1 pincée de cumin
1 pincée de cannelle – 1 pincée de piment – 1 cuil. à café d'huile d'olive
5 brins de persil plat, rincés, effeuillés, hachés – 5 brins de coriandre rincés, effeuillés, hachés – sel et poivre

1 Faites cuire les fèves 8 minutes à l'eau bouillante salée, égouttez-les et enlevez la pellicule fibreuse qui les entoure.

2 Étalez les dés de courgette sur une assiette, couvrez de film étirable et faites cuire 3 minutes au micro-ondes, puis égouttez-les.

3 Versez les fèves, les dés de courgette, l'ail, l'oignon et les épices dans un blender. Mixez quelques secondes pour obtenir un mélange lisse.

4 Ajoutez à la purée de fèves l'huile d'olive et les herbes hachées. Salez et poivrez. Servez frais.

Tartinade de lentilles corail au sésame

Pour **6 personnes**
Préparation : **20 min**
Cuisson : **20 min**
Repos : **30 min**

100 g de lentilles corail – 1 tranche de potiron – 1 petit oignon pelé et haché
1 gousse d'ail pelée et hachée – 1 cuil. à café de curry jaune – 2 cuil. à soupe de crème de coco – 1 cuil. à soupe de sésame blond – sel et poivre

1 Coupez la chair du potiron en petits dés, après l'avoir pelé.

2 Versez dans une casserole les lentilles, les dés de potiron, l'oignon et l'ail, le curry et 1/2 verre d'eau.

3 Couvrez et laissez mijoter 15 minutes.

4 Retirez le couvercle et poursuivez la cuisson 5 minutes, à feu vif, pour que la purée s'assèche.

5 Salez, poivrez, liez avec la crème de coco. Versez dans un bol, laissez refroidir à température ambiante.

6 Saupoudrez de sésame au moment de servir.

Tartelettes très light aux tomates

Pour **4 personnes**
Préparation : **25 min**
Cuisson : **15 min**

4 feuilles de brick – 3 tomates moyennes rincées et coupées en dés
4 cuil. à café de moutarde forte – 4 feuilles de basilic – 1 œuf – 4 cl de lait
1 cuil. à soupe de Maïzena® – 4 cuil. à café de parmesan – 1 cuil. à soupe d'huile d'olive – sel et poivre

1 Recoupez les feuilles de brick en quatre. Huilez très légèrement, au pinceau, les contours des morceaux de feuilles de brick.

2 Garnissez 4 petits moules à tarte avec les 4 morceaux de feuilles de brick superposés, en décalant les angles.

3 Préchauffez le four à 180 °C/210 °C (th. 6-7) selon la puissance du four. Pressez délicatement les dés de tomate entre les mains, pour éliminer le surplus de jus et de graines.

4 Tartinez le fond de chaque tartelette avec un peu de moutarde. Répartissez les dés de tomate par-dessus.

5 Battez l'œuf, la Maïzena® et le lait dans un bol. Salez et poivrez. Répartissez ce mélange sur les tartelettes. Saupoudrez de parmesan.

6 Faites cuire 15 minutes au four. Dégustez tiède, décoré d'une feuille de basilic.

Taboulé d'herbes et boulgour complet

Pour **4 personnes**
Préparation : **20 min**
Repos : **15 min (+ 1 h, facultatif)**

80 g de boulgour complet – 2 tomates bien mûres rincées et coupées en petits dés – 1 gros bouquet de persil plat – 1/2 bouquet de coriandre 2 tiges de menthe – 2 oignons nouveaux – 2 cuil. à soupe d'huile d'olive le jus de 1 citron – sel et poivre

1 Rincez le boulgour, égouttez-le et versez-le dans un saladier.

2 Ajoutez le jus de citron, puis couvrez d'eau froide, à hauteur. Laissez reposer pendant la préparation des légumes (15 minutes environ).

3 Rincez le persil, la coriandre, la menthe et les oignons nouveaux, puis hachez-les assez finement.

4 Versez dans le boulgour les dés de tomate, les herbes hachées et l'huile d'olive. Salez, poivrez et mélangez.

5 Servez aussitôt ou réservez 1 heure pour que le taboulé soit plus parfumé.

Salade d'épinards, figues et mozzarella

Pour **4 personnes**
Préparation : **20 min**
Cuisson : **3 min**

150 g de pousses d'épinards rincées et essorées – 4 figues rincées et coupées en quatre dans la hauteur – 150 g de billes de mozzarella égouttées
150 g de tomates cerises jaunes rincées et coupées en deux – 20 g de pignons
20 g de cranberries – 1/2 bouquet de persil plat rincé, effeuillé et haché
2 cuil. à soupe de vinaigre balsamique blanc – 2 cuil. à soupe d'huile d'olive
sel et poivre

1 Faites dorer les pignons 3 minutes dans une poêle antiadhésive.

2 Mélangez le vinaigre balsamique, l'huile d'olive, le persil, salez et poivrez. Ajoutez 1 cuillerée à soupe d'eau froide.

3 Disposez dans un plat les pousses d'épinards, la mozzarella, les tomates cerises et les figues.

4 Versez la sauce, décorez avec les pignons et les cranberries et servez aussitôt.

Salade d'asperges vertes au citron et amandes

Pour **4 personnes**
Préparation : **20 min**
Cuisson : **15 min**

700 g d'asperges vertes surgelées – 1 citron – 30 g d'amandes effilées
150 g de fromage blanc à 0 % MG – 1 cuil. à soupe d'huile d'olive
1 petite botte de ciboulette rincée et hachée – sel et poivre

1 Faites cuire les asperges vertes 10 minutes à la vapeur. Égouttez-les, disposez-les sur un plat et laissez tiédir.

2 Faites dorer les amandes effilées 3 minutes dans une poêle sans matière grasse.

3 Lavez le citron, râpez le zeste pour en obtenir une petite pincée. Pressez le citron.

4 Mélangez le fromage blanc, l'huile d'olive, 3 cuillerées à soupe de jus de citron, le zeste, la ciboulette. Salez et poivrez.

5 Versez la sauce sur les asperges, ajoutez les amandes effilées et servez aussitôt.

Salade de chou aux crevettes et coriandre

Pour **4 personnes**
Préparation : **20 min**

1/4 de chou chinois – 300 g de crevettes cuites décortiquées – 1 poignée de pousses de soja fraîches, rincées et égouttées – 1 bouquet de coriandre rincé et effeuillé – 1 petit piment oiseau coupé en 3 morceaux – 1/2 verre de jus de pomelo rose – 1 cuil. à soupe d'huile de sésame – 1 cuil. à café de nuoc-mâm – sel et poivre

1 Rincez le chou, émincez-le finement à l'aide d'un couteau.

2 Rincez les crevettes, épongez-les soigneusement dans du papier absorbant.

3 Disposez le chou et les pousses de soja dans un saladier. Ajoutez les crevettes, la coriandre, le piment.

4 Mélangez le jus de pomelo, l'huile de sésame et le nuoc-mâm. Salez légèrement, poivrez.

5 Versez cette sauce sur la salade, mélangez et servez aussitôt.

Salade de carottes aux épices et noix de cajou

Pour **4 personnes**
Préparation : **20 min**
Cuisson : **15 min**
Marinade : **1 ou 2 h (facultatif)**

600 g de carottes pelées, lavées et coupées en rondelles – 1 petit oignon violet pelé et haché – 1 gousse d'ail pelée et hachée – 2 pincées de mélange d'épices ras el-hanout – 1 pincée de piment – 5 brins de coriandre rincés et effeuillés – 30 g de noix de cajou grillées et salées – le jus de 1 citron 1 cuil. à soupe d'huile d'olive – sel et poivre

1 Faites cuire les carottes 15 minutes à la vapeur. Égouttez-les et disposez-les dans un plat creux.

2 Mélangez l'huile d'olive, le jus du citron, le piment, l'oignon, l'ail et les épices ras el-hanout. Salez légèrement et poivrez.

3 Versez cette sauce sur les carottes tièdes. Mélangez délicatement pour bien les enrober.

4 Hachez grossièrement les noix de cajou.

5 Décorez le plat avec la coriandre et les noix de cajou.

Salade détox radis noir et roquette

Pour **4 personnes**
Préparation : **20 min**

1 petit radis noir – 80 g de roquette rincée et essorée – 1 carotte – 1 endive rincée et émincée – 2 cuil. à soupe de vinaigre de cidre – 1 cuil. à soupe d'huile de colza – 1 petite échalote pelée et hachée – 5 brins de persil plat 4 feuilles de menthe – sel et poivre

1 Pelez le radis noir et la carotte, rincez-les, puis râpez-les au robot. Rincez, essorez et hachez le persil et la menthe.

2 Disposez dans un saladier la roquette et l'endive. Ajoutez le radis et la carotte râpés.

3 Mélangez dans un bol l'huile de colza, le vinaigre de cidre, l'échalote, la menthe et le persil. Salez et poivrez.

4 Versez sur les légumes et mélangez avant de servir.

Bouillon de dinde à la coriandre et cinq parfums

Pour **4 personnes**
Préparation : **20 min**
Cuisson : **15 min**

2 escalopes de dinde (250 g) émincées en lamelles – 1 carotte pelée et émincée en dés – 2 blancs de poireaux rincés et coupés en rondelles 1 chou Shanghai rincé et émincé – 1 poignée de pousses de soja rincées et égouttées – 3 pincées de mélange cinq parfums – 2 cuil. à soupe de sauce soja – 3 cives rincées et émincées – 1 tablette de bouillon de légumes poivre

1 Portez à ébullition 1 litre d'eau dans une cocotte.

2 Mettez la carotte, les poireaux et le chou dans l'eau bouillante.

3 Assaisonnez avec la tablette de bouillon, du poivre et le mélange cinq parfums. Couvrez et laissez mijoter 10 minutes.

4 Ajoutez la dinde et la sauce soja, laissez cuire 5 minutes.

5 Versez dans 4 bols. Ajoutez les cives émincées et les pousses de soja et servez aussitôt.

Soupe de tomates et poivron, glacée au basilic

Pour **4 personnes**
Préparation : **20 min**
Réfrigération : **2 h**

1 poivron rouge – 1 kg de tomates bien mûres – 1 oignon nouveau pelé et haché – 1 gousse d'ail pelée et hachée – 4 brins de basilic rincés, effeuillés et hachés – 2 cuil. à soupe de germes de blé – 2 pincées de piment d'Espelette – sel et poivre

1 Plongez les tomates dans l'eau bouillante pendant 3 minutes. Passez-les sous l'eau froide, puis enlevez la peau qui se détache facilement.

2 Lavez le poivron, coupez-le en dés et retirez les graines.

3 Mixez dans un blender les tomates, le poivron, la moitié du basilic, l'ail et l'oignon.

4 Salez, poivrez, ajoutez le piment et les germes de blé.

5 Versez dans une boîte hermétique et placez au frais pour 2 heures.

6 Servez très frais, décoré du reste de basilic haché.

Soupe de cresson, nuage de crème fouettée

Pour **4 personnes**
Préparation : **25 min**
Cuisson : **20 min**

1 botte de cresson – 2 pommes de terre à chair farineuse (250 g) – 1 carotte
1 oignon – 8 cl de crème fraîche épaisse à 30 % MG – 1 tablette de bouillon de légumes – sel et poivre

1 Portez à ébullition 1 litre d'eau dans une cocotte.

2 Coupez la base de la botte de cresson. Lavez les feuilles, essorez-les. Hachez-les grossièrement.

3 Pelez et coupez en dés les pommes de terre, la carotte et l'oignon.

4 Versez la crème dans un grand saladier. Salez, poivrez et placez au frais.

5 Ajoutez la carotte, les pommes de terre et l'oignon dans la cocotte, ainsi que le cresson et la tablette de bouillon. Poivrez, couvrez et laissez mijoter 20 minutes.

6 Mixez le potage, rectifiez l'assaisonnement.

7 Montez la crème bien froide en chantilly à l'aide d'un fouet électrique.

8 Versez le potage chaud dans 4 bols et ajoutez, juste au moment de servir, un peu de crème montée.

Tartare de saumon et cabillaud au poivre rose

Pour **4 personnes**
Préparation : **25 min**

200 g de filet de saumon très frais – 250 g de filet de cabillaud très frais
1 courgette rincée et coupée en petits dés – 1 cuil. à soupe d'huile de noisette
10 brins de ciboulette rincés et hachés finement – 3 brins de cerfeuil rincés et hachés finement – 1 petite échalote pelée et hachée – poivre rose en grains
sel et poivre

1 Rincez et épongez soigneusement les filets de poisson. Hachez-les grossièrement avec un couteau bien tranchant. Versez dans un bol, couvrez de film étirable et placez au frais pendant la préparation des autres ingrédients.

2 Ajoutez la ciboulette et l'échalote au tartare de poisson. Salez, poivrez, assaisonnez de poivre rose moulu et d'huile de noisette.

3 Répartissez le tartare sur 4 assiettes, en le moulant avec un disque à pâtisserie ou un emporte-pièce.

4 Décorez avec le cerfeuil, les dés de courgette et quelques grains de poivre rose entiers. Servez bien frais.

Carpaccio de bœuf aux artichauts

Pour **4 personnes**
Préparation : **15 min**
Cuisson : **3 min**

600 g de carpaccio de bœuf – 1 bocal de cœurs d'artichaut (150 g net) 1 oignon nouveau rincé et émincé – 5 tiges de basilic rincées et effeuillées 1 cuil. à soupe d'huile de sésame – 1 cuil. à soupe de pignons – 1 citron jaune – sel et poivre

1 Rincez et égouttez les cœurs d'artichaut. Émincez-les dans le sens de la hauteur, en tranches assez fines.

2 Faites dorer les pignons 3 minutes dans une poêle, sans matière grasse.

3 Disposez les tranches de carpaccio sur 4 assiettes. Ajoutez les cœurs d'artichaut, un peu d'oignon et des feuilles de basilic.

4 Salez, poivrez, décorez de pignons et arrosez de quelques gouttes d'huile de sésame et de jus de citron.

Buddha bowl veggie

Pour **4 personnes**
Préparation : **20 min**
Cuisson : **25 min**

120 g de boulgour – 150 g de pois chiches rincés et égouttés – 2 avocats pelés et coupés en tranches – 3 tomates rincées et coupées en dés – 1 branche de céleri lavée et coupée en fins tronçons – 30 g de graines de courge 2 yaourts brassés – 1 cuil. à soupe d'huile d'olive – 3 brins de basilic rincés, effeuillés et hachés – 1 gousse d'ail pelée et hachée – sel et poivre

1 Faites cuire le boulgour 20 minutes à l'eau bouillante salée. Égouttez et laissez refroidir.

2 Faites dorer les graines de courge 5 minutes dans une poêle, sans matière grasse.

3 Mélangez les yaourts, l'huile d'olive, le basilic et l'ail. Salez et poivrez.

4 Répartissez le boulgour, les pois chiches, les tomates, les avocats et le céleri dans 4 bols, sans les mélanger.

5 Ajoutez la sauce au centre, décorez avec les graines de courge. Servez frais.

Tofu fumé aux pousses de soja et tomates

Pour **4 personnes**
Préparation : **20 min**
Cuisson : **10 min**

400 g de tofu japonais fumé – 300 g de pousses de soja – 3 tomates lavées et coupées en quartiers – 4 cives rincées et émincées – 3 cuil. à soupe de sauce d'huître – 2 cuil. à soupe de sauce soja – 1 cuil. à soupe d'huile de sésame – 5 brins de coriandre – sel et poivre

1 Rincez les pousses de soja. Faites-les cuire 3 minutes à l'eau bouillante légèrement salée. Égouttez-les.

2 Effeuillez la coriandre après l'avoir rincée sous l'eau froide.

3 Découpez le tofu en dés. Faites-le sauter dans un wok avec l'huile de sésame.

4 Ajoutez les pousses de soja, les quartiers de tomate, les cives. Faites sauter 3 minutes en remuant.

5 Versez la sauce soja et la sauce d'huître, poivrez, ajoutez la coriandre, remuez et servez aussitôt.

Saumon à l'unilatérale

Pour **4 personnes**
Préparation : **15 min**
Cuisson : **5 à 10 min**

4 pavés de saumon avec leur peau (de 120 g chacun environ) – 4 petites pincées de thym effeuillé – 1 citron bio – 4 gouttes d'huile essentielle de citron – 1 cuil. à café d'huile d'olive – sel et poivre

1 Lavez le citron, râpez la peau pour obtenir 1 cuillerée à soupe de zeste. Coupez le citron en quatre.

2 Rincez et épongez le saumon avec du papier absorbant.

3 Préchauffez à feu moyen un gril en fonte. Mélangez l'huile d'olive et l'huile essentielle de citron. Huilez très légèrement au pinceau la chair.

4 Saupoudrez la partie opposée à la peau de thym et de zeste de citron, salez et poivrez.

5 Faites cuire les pavés 5 à 10 minutes, côté peau sur le gril, selon le degré de cuisson désiré. Servez le saumon avec un quartier de citron.

Papillotes de cabillaud à la coriandre et à la sauge

Pour **4 personnes**
Préparation : **10 min**
Cuisson : **20 min**

4 filets de cabillaud de 120 g environ – 1 cuil. à café de graines de cumin
1 cuil. à café de graines de coriandre – 4 feuilles de sauge – 4 cuil. à café de moutarde à l'ancienne – 4 cuil. à café d'huile d'olive – 4 feuilles de papier sulfurisé – sel et poivre

1 Préchauffez le four à 180 °C (th. 6). Rincez et épongez les filets de cabillaud dans du papier absorbant.

2 Mélangez dans un petit bol la moutarde à l'ancienne et l'huile d'olive, salez et poivrez.

3 Disposez chaque filet de cabillaud sur un carré de papier sulfurisé. Badigeonnez-les avec le mélange à la moutarde.

4 Ajoutez sur chaque filet une petite pincée de cumin, de coriandre et 1 feuille de sauge.

5 Repliez le papier sulfurisé pour fermer les papillotes. Faites cuire 20 minutes au four. Ouvrez délicatement les papillotes avant de les disposer sur les assiettes.

Crevettes au curry vert

Pour **4 personnes**
Préparation : **10 min**
Cuisson : **15 min**

500 g de crevettes cuites décortiquées – 1 oignon nouveau rincé et émincé 5 cl de lait de coco – 2 tomates rincées et coupées en dés – 1 cuil. à soupe de pâte de curry vert – 1 feuille de kaffir (facultatif) – 1 cuil. à café d'huile d'olive – sel et poivre

1 Rincez les crevettes, épongez-les dans du papier absorbant.

2 Faites chauffer l'huile d'olive dans une sauteuse. Ajoutez l'oignon émincé, laissez dorer 3 minutes en remuant.

3 Ajoutez les tomates, faites-les sauter à feu vif pendant 3 minutes.

4 Versez le lait de coco, ajoutez la pâte de curry vert, la feuille de kaffir, du sel et du poivre. Laissez mijoter 5 minutes en remuant.

5 Ajoutez les crevettes, couvrez et laissez cuire 3 minutes. Servez chaud accompagné de riz blanc.

Gambas aux herbes à la plancha

Pour **4 personnes**
Préparation : **10 min**
Cuisson : **5 min**

600 g de gambas crues décortiquées – 1 cuil. à café de curcuma – 2 pincées de thym – 2 pincées de basilic surgelé – 1 cuil. à soupe d'huile d'olive 1 citron – sel et poivre

1 Rincez et épongez les gambas avec du papier absorbant. Disposez-les dans un saladier.

2 Saupoudrez-les de curcuma, thym et basilic, sel et poivre. Ajoutez l'huile d'olive et un peu de jus de citron.

3 Brassez délicatement les gambas pour les enrober régulièrement du mélange d'assaisonnement.

4 Chauffez la plancha. Faites cuire les gambas sur la plancha bien chaude, 2 minutes par face.

5 Arrosez de jus de citron et servez aussitôt.

Œufs cocotte au saumon et sésame doré

Pour **4 personnes**
Préparation : **10 min**
Cuisson : **10 min**

8 œufs très frais – 100 g de saumon fumé – 8 cuil. à café de crème épaisse à 15 % MG – 20 g de sésame doré – sel et poivre

1 Préchauffez le four à 180 °C (th. 6). Versez un fond d'eau dans un grand plat (ou une plaque à pâtisserie) pouvant contenir 8 ramequins. Placez le plat dans le four.

2 Découpez le saumon en fins morceaux.

3 Cassez 1 œuf dans chaque ramequin. Ajoutez 1 cuillerée à café de crème allégée et un peu de saumon fumé. Salez légèrement et poivrez.

4 Disposez les ramequins dans le plat contenant l'eau et faites cuire au four 10 minutes.

5 Saupoudrez de sésame doré et dégustez, avec une tranche de pain complet et une salade.

Omelette façon tortilla

Pour **4 personnes**
Préparation : **15 min**
Cuisson : **15 min**

6 œufs – 400 g de pommes de terre cuites à l'eau – 100 g de poivrons rouges au naturel en bocal – 1 gros oignon pelé et haché – 1 gousse d'ail pelée et hachée – 2 cuil. à soupe d'huile d'olive – sel et poivre

1 Pelez les pommes de terre et coupez-les en dés. Rincez et égouttez les poivrons, émincez-les.

2 Battez les œufs dans un saladier, salez et poivrez. Ajoutez les poivrons.

3 Faites chauffer 1 cuillerée à soupe d'huile dans une poêle antiadhésive. Ajoutez l'oignon, l'ail et les dés de pomme de terre.

4 Faites dorer à feu moyen 5 minutes, en remuant délicatement. Réservez sur une assiette.

5 Ajoutez 1 cuillerée à soupe d'huile dans la poêle, faites chauffer, puis ajoutez les œufs battus. Laissez prendre les œufs pendant 3 minutes.

6 Ajoutez les pommes de terre sautées à l'oignon. Couvrez et laissez cuire 3 minutes.

7 Faites glisser la tortilla sur une assiette, retournez-la dans la poêle et laissez cuire 3 minutes.

8 Servez chaud ou froid, avec une salade verte.

Wok de légumes au poulet

Pour **4 personnes**
Préparation : **15 min**
Cuisson : **15 min**

3 blancs de poulet (400 g) en lamelles fines – 400 g de julienne de légumes surgelée – 4 champignons noirs déshydratés rincés et émincés – 2 cuil. à soupe de sauce soja – 2 cuil. à soupe de nuoc-mâm – 5 brins de coriandre rincés et effeuillés – 40 g de cacahuètes grillées et salées – 2 cuil. à soupe d'huile de colza – sel et poivre

1 Faites tremper les champignons noirs dans un bol d'eau tiède pendant la préparation du poulet.

2 Faites chauffer 1 cuillerée à soupe d'huile dans un wok. Ajoutez le poulet, faites-le sauter pendant 5 minutes sur feu vif. Réservez sur une assiette.

3 Ajoutez 1 cuillerée à soupe d'huile dans le wok et versez la julienne de légumes. Faites-la sauter 5 minutes en remuant.

4 Ajoutez les champignons, les cacahuètes, la coriandre, la sauce soja et le nuoc-mâm. Salez et poivrez.

5 Laissez cuire 3 minutes et servez aussitôt.

Poulet sauté à l'ananas et au basilic

Pour **4 personnes**
Préparation : **15 min**
Cuisson : **10 min**

400 g de blancs de poulet coupés en dés – 1 boîte d'ananas au jus (350 g net) – 1 poivron vert – 5 brins de basilic chinois rincés et hachés – 5 cives rincées et hachées – 1 cuil. à soupe d'huile de colza – 1 pincée de gingembre en poudre – 1 pincée de piment – 1 cuil. à café de Maïzena®
2 cuil. à soupe de sauce soja – sel et poivre

1 Saupoudrez le poulet de Maïzena®, de gingembre et de piment en poudre. Salez, poivrez. Mélangez avec les mains pour enrober les morceaux.

2 Égouttez les tranches d'ananas, gardez le jus. Découpez les tranches en dés.

3 Rincez et émincez le poivron vert, en éliminant les graines.

4 Faites sauter à feu vif, avec très peu d'huile, le poulet assaisonné et le poivron, pendant 5 minutes.

5 Ajoutez 1/2 verre de jus d'ananas, la sauce soja, l'ananas et les herbes.

6 Laissez mijoter 5 minutes à feu vif. Servez chaud.

Brochettes de canard au filet de bacon

Pour **4 personnes**
Préparation : **20 min**
Cuisson : **5 à 6 min**

400 g de filet de canard – 100 g de filet de bacon fumé – 150 g de tomates cerises – 1 citron – 2 cuil. à soupe de sauce Worcestershire – 1 cuil. à soupe d'huile d'olive – 2 cuil. à soupe de sésame blanc – poivre – mini-piques en bois

1 Coupez le filet de canard et le bacon en lamelles.

2 Disposez le canard dans un plat. Ajoutez le jus de 1/2 citron, la sauce Worcestershire, l'huile d'olive. Poivrez, mais ne salez pas. Mélangez intimement pour que la sauce enrobe la viande.

3 Rincez les tomates cerises. Montez les petites brochettes en alternant les morceaux de canard et de bacon. Commencez et terminez par 1 tomate cerise.

4 Faites cuire 5 à 6 minutes sur un gril en fonte bien chaud ou à la plancha.

5 Arrosez d'un peu de jus de citron, saupoudrez de sésame blanc et servez aussitôt.

Bœuf au gingembre

Pour **4 personnes**
Préparation : **15 min**
Cuisson : **15 min**

400 g de bavette de bœuf – 2 oignons jaunes pelés et émincés finement
1 morceau de gingembre de 3 cm – 5 brins de coriandre rincés et effeuillés
3 cuil. à soupe de sauce soja – 1 cuil. à soupe d'huile d'olive – 1 cuil. à café de Maïzena® – sel et poivre

1 Émincez la bavette en fines lamelles. Disposez les morceaux dans une assiette.

2 Assaisonnez avec 1 cuillerée à soupe de sauce soja, salez légèrement et poivrez. Couvrez de film étirable et réservez pendant la préparation des autres ingrédients.

3 Pelez le gingembre, rincez-le, coupez-le en fines tranches, puis en bâtonnets.

4 Faites chauffer l'huile d'olive dans un wok ou une sauteuse. Ajoutez les oignons et le gingembre. Laissez fondre à feu doux 10 minutes en remuant.

5 Augmentez le feu, ajoutez le bœuf, faites sauter à feu vif 3 minutes.

6 Saupoudrez de Maïzena®, ajoutez 2 cuillerées à soupe de sauce soja, laissez cuire 2 minutes.

7 Décorez avec la coriandre et servez aussitôt.

Sashimi aux algues nori

Pour **4 personnes**
Préparation : **15 min**

500 g de bœuf tendre (filet) – 4 feuilles de nori – 3 cuil. à soupe de sésame blanc – 3 cuil. à soupe de wasabi – 3 cuil. à soupe de gingembre mariné émincé – 3 cuil. à soupe de sauce soja sucrée – poivre

1 Découpez les feuilles de nori en lanières de 2 cm de large.

2 Coupez le filet de bœuf en petits cubes réguliers (2 cm environ de côté). Poivrez légèrement les morceaux de viande.

3 Enroulez chaque cube de bœuf dans une lanière de nori. Saupoudrez les deux faces libres de sésame blanc.

4 Rangez les cubes de bœuf ainsi préparés sur un plat.

5 Servez bien frais, avec le wasabi, le gingembre émincé et la sauce soja sucrée.

Tournedos grillés sauce légère au poivre

Pour **4 personnes**
Préparation : **5 min**
Cuisson : **8 à 10 min**

4 tournedos ficelés, sans barde (de 140 g) – 4 cuil. à soupe de poivre noir concassé – 4 cuil. à soupe de cognac – 1 cuil. à soupe d'huile de colza
4 cuil. à soupe de crème à 15 % MG – sel

1 Saupoudrez les tournedos de poivre concassé et faites-le adhérer en pressant légèrement avec le plat de la main.

2 Faites chauffer une poêle légèrement huilée, ajoutez les tournedos, laissez dorer 2 minutes sur chaque face à feu vif.

3 Ajoutez le cognac et faites flamber.

4 Salez la viande, baissez le feu, ajoutez la crème. Laissez cuire 3 à 4 minutes selon le degré de cuisson désiré et servez aussitôt.

Escalopes de porc au paprika

Pour4 **personnes**
Préparation : **10 min**
Cuisson : **15 min**

4 grillades de porc (de 120 g environ) – 1 échalote pelée et hachée
1 cuil. à café de paprika doux – 1 yaourt grec à 0 % MG – 5 brins de persil plat rincés et hachés – 1 cuil. à soupe de câpres – 1 cuil. à soupe d'huile d'olive – sel et poivre

1 Faites chauffer l'huile dans une poêle sur feu vif. Ajoutez les grillades, faites-les colorer 2 minutes sur chaque face.

2 Baissez le feu, ajoutez l'échalote et le persil hachés, ainsi que le paprika. Salez et poivrez. Laissez cuire 8 minutes à feu doux.

3 Versez le yaourt et ajoutez les câpres. Laissez chauffer 2 minutes sans faire bouillir. Servez aussitôt.

Salade du Sud-Ouest au magret fumé

Pour **4 personnes**
Préparation : **20 min**

120 g de magret fumé tranché – 120 g de mâche rincée et essorée délicatement – 80 g de tomme de brebis coupée en fines lamelles – 1 pomme verte lavée et coupée en petits dés – 1 bulbe de fenouil – 2 brins de basilic rincés, effeuillés et hachés – 2 cuil. à soupe d'huile de noix – 2 cuil. à soupe de vinaigre balsamique rouge – 1 gousse d'ail pelée et hachée – sel et poivre

1 Retirez la partie grasse du magret.

2 Rincez le bulbe de fenouil, éliminez les côtes extérieures si elles sont trop fibreuses, puis émincez-le finement.

3 Disposez la mâche sur 4 assiettes. Ajoutez des dés de pomme, du fenouil émincé, des lamelles de tomme et des tranches de magret.

4 Mélangez l'huile de noix, le vinaigre balsamique et l'ail, salez et poivrez.

5 Versez la sauce sur la salade, saupoudrez de basilic haché et servez aussitôt.

Soupe à l'oignon gratinée

Pour **4 personnes**
Préparation : **15 min**
Cuisson : **30 min**

4 gros oignons jaunes – 1 tablette de bouillon de légumes bio
2 cuil. à soupe d'huile d'olive – 4 tranches de pain de campagne au levain (4 × 50 g) – 120 g de comté râpé – 1 pincée de muscade râpée – 1 feuille de laurier – 1 brin de thym – sel et poivre

1 Pelez et hachez finement les oignons au robot ou avec une mandoline.

2 Faites chauffer l'huile dans une large sauteuse. Ajoutez les oignons, le laurier et le thym. Faites fondre doucement, en remuant, sans colorer, pendant 5 minutes.

3 Ajoutez le bouillon émietté, 1 litre d'eau, très peu de sel, du poivre et de la muscade. Couvrez et laissez mijoter 20 minutes.

4 Retirez le thym et le laurier. Préchauffez le gril du four.

5 Versez le potage dans 4 bols supportant la chaleur du four. Disposez 1 tranche de pain dans chaque bol. Couvrez le pain de comté râpé.

6 Passez 5 minutes sous le gril pour faire gratiner. Servez très chaud.

Moules au curry

Pour **4 personnes**
Préparation : **20 min**
Cuisson : **15 min**

4 litres de moules – 1 oignon pelé et haché – 1 gousse d'ail pelée et hachée
1 feuille de laurier – 1 brin de thym – 1 cuil. à café de curry jaune
2 cuil. à soupe de crème épaisse à 30 % MG – 10 brins de persil plat rincés, effeuillés et hachés – 1 cuil. à café de Maïzena® – sel et poivre

1 Lavez les moules sous l'eau froide en les brassant avec les mains. Laissez égoutter, éliminez celles qui sont cassées ou ouvertes.

2 Mélangez dans un petit bol la moitié du persil haché, la crème fraîche et la Maïzena®.

3 Faites chauffer une grande cocotte avec l'ail et l'oignon, les moules, la moitié du persil, le curry, le thym et le laurier. Mélangez sur feu vif, jusqu'à ce que les moules s'ouvrent.

4 Salez, poivrez, versez le mélange crème fraîche-Maïzena®. Laissez bouillir 1 minute et servez aussitôt.

Pizza fine aux légumes

Pour **4 personnes**
Préparation : **20 min**
Cuisson : **30 min**

400 g de pâte à pizza du commerce – 2 tomates rincées et coupées en rondelles – 1 petit bocal de fonds d'artichaut (150 g net) – 250 g d'aubergines en tranches, grillées, surgelées – 250 g de champignons frais 125 g de mozzarella égouttée et hachée grossièrement – 10 cl de coulis de tomates nature – 2 brins de basilic rincés et effeuillés – 1 cuil. à soupe d'huile d'olive – 30 g de pignons – sel et poivre

1 Faites décongeler la pâte à pizza 2 minutes au micro-ondes (mode décongélation).

2 Passez les aubergines grillées 2 minutes au micro-ondes (puissance maxi).

3 Rincez les champignons, coupez les pieds sableux, puis émincez-les. Égouttez les fonds d'artichaut, coupez-les en quatre.

4 Préchauffez le four à 240 °C (th. 8). Étalez la pâte à pizza assez finement sur une plaque à pâtisserie. Tartinez le coulis sur la pâte.

5 Ajoutez les tomates, les champignons, les aubergines, les artichauts. Salez, poivrez, répartissez la mozzarella et les pignons sur toute la surface.

6 Arrosez d'un filet d'huile et enfournez la pizza pour 25 minutes. Décorez avec le basilic au moment de servir.

Risotto aux asperges et cèpes

Pour **4 personnes**
Préparation : **15 min**
Cuisson : **30 min**

320 g de riz arborio – 300 g d'asperges vertes surgelées – 100 g de cèpes émincés surgelés – 1 oignon pelé et haché – 2 cuil. à soupe de mascarpone 4 cuil. à soupe de parmesan – 1 cuil. à soupe d'huile d'olive – 1 tablette de bouillon de légumes bio – sel et poivre

1 Faites décongeler les asperges 2 minutes au micro-ondes, puis coupez-les en tronçons.

2 Faites revenir l'oignon avec les cèpes dans une cocotte, avec l'huile d'olive. Laissez dorer 5 minutes en remuant.

3 Ajoutez le riz, laissez dorer quelques instants, puis ajoutez 60 cl d'eau bouillante et la tablette de bouillon. Mélangez délicatement, salez légèrement, poivrez, couvrez et laissez cuire 15 minutes.

4 Ajoutez les tronçons d'asperge et faites cuire 5 minutes. Ajoutez un peu d'eau en cours de cuisson si le riz vous semble sec.

5 Retirez du feu quand le riz est tendre, mais légèrement *al dente*.

6 Ajoutez le mascarpone et mélangez délicatement. Répartissez dans 4 assiettes creuses, saupoudrez de parmesan et servez aussitôt.

Aubergines gratinées façon moussaka

Pour **4 personnes**
Préparation : **30 min**
Cuisson : **45 min**

800 g d'aubergines – 3 tomates – 1 oignon pelé et haché – 2 gousses d'ail pelées et hachées – 1/2 bouquet de coriandre rincé et haché – 300 g de gigot dégraissé – 100 g de feta – 40 g de parmesan – 2 cuil. à soupe d'huile d'olive – sel et poivre

1 Préchauffez le four à 210 °C (th. 7). Lavez les aubergines, coupez-les en tranches dans la longueur. Étalez-les sur une plaque à pâtisserie. Salez, poivrez, arrosez avec 1 cuillerée à soupe d'huile d'olive. Faites cuire 15 minutes au four, puis laissez tiédir. Laissez le four allumé.

2 Lavez les tomates, coupez-les en tranches. Hachez le gigot. Émiettez la feta.

3 Faites revenir le gigot, l'ail, l'oignon et la coriandre dans une cocotte avec 1 cuillerée à soupe d'huile d'olive. Laissez dorer 5 minutes en remuant.
Salez et poivrez.

4 Disposez dans un plat à gratin la moitié des tranches d'aubergine et de tomate, ajoutez la viande et la moitié de la feta. Terminez avec le reste des aubergines, des tomates et de la feta.

5 Saupoudrez de parmesan et faites cuire 25 minutes au four. Dégustez chaud avec une salade verte.

Lasagnes aux épinards et champignons

Pour **4 personnes**
Préparation : **40 min**
Cuisson : **40 min**

8 feuilles de lasagne – 600 g d'épinards hachés à la crème surgelés
100 g de chèvre frais coupé en petits morceaux – 300 g de champignons
3 tomates rincées et coupées en rondelles – 10 cl de coulis de tomates nature (en boîte) – 1 cuil. à soupe d'huile d'olive – 40 g de parmesan – sel et poivre

1 Faites décongeler les épinards dans une casserole, à feu doux, avec 3 cuillerées à soupe d'eau. Laissez cuire à feu très doux en remuant de temps en temps, pendant 10 minutes environ.

2 Coupez le pied sableux des champignons, rincez-les, puis émincez-les. Faites-les sauter dans une poêle avec l'huile d'olive 5 minutes environ, salez et poivrez.

3 Préchauffez le four à 180 °C (th. 6). Versez un tiers des épinards dans un plat à gratin. Ajoutez un tiers des champignons et un tiers des tomates et du chèvre.

4 Disposez 4 feuilles de lasagne par-dessus. Garnissez avec un tiers d'épinards, de champignons, de tomates et de chèvre, puis ajoutez 4 feuilles de lasagne.

5 Terminez avec le reste de légumes et du chèvre. Nappez avec le coulis de tomates. Saupoudrez de parmesan.

6 Passez 30 minutes au four. Servez chaud.

Gratin léger façon tartiflette

Pour **4 personnes**
Préparation : **20 min**
Cuisson : **35 min**

600 g de pommes de terre à chair fondante – 600 g de carottes
2 gros oignons pelés et hachés – 120 g de filet de bacon coupé en lamelles
1/2 reblochon coupé en lamelles (250 g) – 2 pincées de thym
1 cuil. à soupe d'huile d'olive – sel et poivre

1 Pelez, lavez et coupez en rondelles fines les carottes et les pommes de terre. Faites-les cuire 15 minutes à la vapeur, puis laissez égoutter.

2 Préchauffez le four à 210 °C (th. 7). Faites chauffer l'huile d'olive dans une sauteuse. Ajoutez les oignons, le bacon et le thym. Faites dorer 10 minutes à feu doux, en mélangeant. Salez et poivrez.

3 Mélangez, dans un plat à gratin, les pommes de terre, les carottes, les oignons, le bacon. Disposez les lamelles de reblochon par-dessus.

4 Faites gratiner au four pendant 10 minutes environ.

5 Servez chaud, avec une salade verte.

Carbonara légère

Pour **4 personnes**
Préparation : **10 min**
Cuisson : **10 min**

320 g de spaghettis – 120 g de filet de bacon tranché – 4 cuil. à soupe de crème épaisse à 15 % MG – 4 cuil. à soupe de pecorino râpé (ou de parmesan) – 1 cuil. à soupe d'huile d'olive – sel et poivre

1 Coupez le filet de bacon en lamelles. Faites-les revenir à feu moyen dans une grande sauteuse, avec l'huile d'olive. Ajoutez la crème hors du feu, poivrez, gardez au chaud.

2 Portez à ébullition 3 litres d'eau salée. Ajoutez les spaghettis, laissez cuire 8 minutes environ (selon les indications du paquet).

3 Égouttez les spaghettis, versez-les rapidement dans la sauteuse avec le bacon et la crème. Remuez 2 minutes sur feu vif pour bien enrober les pâtes.

4 Répartissez dans 4 assiettes creuses, saupoudrez de pecorino ou de parmesan et servez aussitôt.

Poulet au curry à l'indienne

Pour **4 personnes**
Préparation : **20 min**
Cuisson : **25 min**

400 g de blancs de poulet – 1 oignon pelé et haché – 1 gousse d'ail pelée et hachée – 1 pomme pelée et coupée en petits dés – 30 g de raisins secs
30 g d'amandes effilées – 200 g de tomates pelées – 1 yaourt à 0 % MG
2 cuil. à café de curry indien – 2 cuil. à soupe d'huile d'olive – sel et poivre

1 Coupez le poulet en dés. Concassez les tomates.

2 Faites chauffer l'huile dans une petite cocotte. Ajoutez le poulet, faites dorer à feu vif pendant 3 minutes en remuant.

3 Ajoutez l'oignon et l'ail, le curry, du sel et du poivre. Laissez dorer 3 minutes.

4 Versez les tomates, les raisins et les dés de pomme. Couvrez et laissez mijoter 15 minutes. Hors du feu, ajoutez le yaourt et mélangez.

5 Faites dorer les amandes effilées dans une petite poêle sans matière grasse.

6 Versez le poulet au curry bien chaud dans un plat, décorez avec les amandes grillées et servez aussitôt.

Filet mignon au vin blanc et romarin

Pour **4 personnes**
Préparation : **10 min**
Cuisson : **30 min**

500 g de filet mignon – 2 échalotes pelées et hachées – 1 verre de vin blanc sec – 2 brins de romarin – 1 cuil. à soupe de moutarde – 1 cuil. à soupe de crème fraîche épaisse à 30 % MG – 1 cuil. à soupe d'huile d'olive sel et poivre

1 Faites revenir le filet mignon dans une cocotte avec l'huile d'olive sur toutes ses faces.

2 Baissez le feu, ajoutez les échalotes et le romarin. Laissez dorer 5 minutes.

3 Versez le vin blanc, salez et poivrez. Couvrez et laissez mijoter 20 minutes à feu doux.

4 Liez, au moment de servir, le jus de cuisson avec la moutarde et la crème. Portez à ébullition et retirez du feu.

5 Servez le filet découpé en tranches et nappé de sauce.

Saltimbocca au citron

Pour **4 personnes**
Préparation : **20 min**
Cuisson : **15 min**

8 escalopes de veau très fines (8 x 60 g) – 1 petit brin de romarin – 1 citron bio – 4 tranches de filet de bacon coupées en deux – 80 g de mozzarella hachée grossièrement – 1 cuil. à soupe d'huile d'olive – 5 cl de vin blanc sec poivre – 8 piques en bois

1 Lavez le citron, prélevez 4 morceaux de zeste avec un couteau économe. Coupez le romarin en 8 petits morceaux.

2 Étalez les escalopes de veau sur une planche. Garnissez-les de 1/2 tranche de filet de bacon, d'une pincée de mozzarella hachée, de 1 zeste de citron. Poivrez, mais ne salez pas. Roulez les escalopes et fixez-les avec une pique en bois.

3 Faites chauffer l'huile d'olive dans une sauteuse. Ajoutez les saltimbocca, faites-les dorer 5 minutes à feu vif, en les retournant sur toutes les faces.

4 Ajoutez le vin blanc et le romarin. Couvrez et laissez cuire 10 minutes à feu moyen. Servez chaud.

Chili con carne

Pour **4 personnes**
Préparation : **15 min**
Cuisson : **30 min**

400 g de bœuf haché à 5 % MG – 1 oignon pelé et haché – 1 poivron rouge
1 grosse de boîte de haricots rouges (800 g) – 1 grosse boîte de tomates pelées (800 g) – 2 cuil. à soupe d'huile d'olive – 1 cuil. à café de mélange d'épices mexicaines – 16 chips de maïs (tortillas croustillantes)
sel et poivre

1 Rincez le poivron, émincez-le en éliminant les graines. Rincez et égouttez les haricots rouges. Concassez les tomates.

2 Faites chauffer l'huile dans une cocotte. Ajoutez le bœuf haché, le poivron et l'oignon. Salez, poivrez, saupoudrez d'épices mexicaines. Faites dorer à feu moyen 5 minutes, en remuant.

3 Versez les tomates et les haricots rouges. Couvrez et laissez mijoter 25 minutes à feu doux.

4 Servez chaud, dans des assiettes creuses, avec les tortillas croustillantes.

Rôti de bœuf et petits légumes

Pour **4 personnes**
Préparation : **25 min**
Cuisson : **30 min**
Repos : **5 min**

600 g de filet de bœuf (sans barde) – 300 g de carottes nouvelles – 300 g de navets nouveaux – 600 g de pommes de terre nouvelles – 1 oignon pelé et haché – 150 g de fromage blanc – 1/2 bouquet de persil plat rincé et haché – 1/2 bouquet de ciboulette rincé et haché – 3 cornichons coupés en rondelles fines – 1 cuil. à soupe d'huile d'olive – sel et poivre

1 Préchauffez le four à 240 °C (th. 8). Rincez les légumes nouveaux, frottez-les avec une petite brosse, coupez-les en morceaux. Faites-les cuire 15 minutes à la vapeur. Réservez au chaud.

2 Disposez dans un plat allant au four le filet de bœuf et l'oignon. Arrosez d'un filet d'huile, salez et poivrez.

3 Faites cuire 15 minutes et laissez reposer four éteint pendant 5 minutes.

4 Mélangez le fromage blanc, les herbes et les cornichons. Salez légèrement et poivrez.

5 Servez le rôti coupé en fines tranches, accompagné des légumes vapeur et de la sauce.

Boulettes de bœuf à la tomate

Pour **4 personnes**
Préparation : **25 min**
Cuisson : **20 min**

600 g de bœuf haché – 1 oignon pelé et haché finement – 1 bouquet de persil plat rincé, effeuillé et haché – 3 biscottes émiettées – 1 œuf 1 pincée de noix de muscade – 2 pincées d'épices ras el-hanout – 1 boîte de tomates pelées – 2 cuil. à soupe d'huile d'olive – sel et poivre

1 Concassez les tomates.

2 Mélangez dans un saladier le bœuf haché, l'œuf, les biscottes, le persil et l'oignon. Salez, poivrez, ajoutez un peu de muscade et le ras el-hanout.

3 Formez des boulettes de la taille d'une noix.

4 Faites chauffer l'huile dans une cocotte. Ajoutez les boulettes, faites-les dorer sur toutes les faces à feu vif.

5 Ajoutez les tomates. Couvrez et laissez mijoter 15 minutes à feu doux.

Soupe de potiron à la maca

Pour **4 personnes**
Préparation : **15 min**
Cuisson : **20 min**

1 tranche de potiron (500 g net de chair) – 1 belle pomme de terre (200 g) 1 oignon pelé et haché – 1 branche de céleri – 1 tablette de bouillon de légumes bio – 1 pincée de curcuma – 2 cuil. à café de poudre de maca poivre

1 Pelez le potiron, éliminez les graines, coupez la chair en dés. Rincez la branche de céleri, coupez-la en petits morceaux. Pelez, lavez et coupez la pomme de terre en dés.

2 Portez à ébullition 1 litre d'eau.

3 Ajoutez les légumes découpés, l'oignon, la tablette de bouillon, le curcuma et du poivre. Couvrez et laissez mijoter 20 minutes.

4 Mixez le potage, ajoutez la poudre de maca et servez aussitôt.

Bouillon miso aux crevettes et aux algues

Pour **4 personnes**
Préparation : **10 min**
Cuisson : **5 min**
Trempage : **5 min**

3 cuil. à soupe de pâte de miso – 16 crevettes cuites décortiquées (160 g) 4 pincées d'algues en paillettes – 50 g de vermicelles de soja – 3 cives rincées et émincées – 3 brins de coriandre rincés et émincés

1 Faites tremper les vermicelles de soja dans un bol d'eau froide pendant 5 minutes, puis égouttez-les. Rincez et épongez les crevettes, coupez-les en deux dans la longueur.

2 Portez à ébullition 1 litre d'eau. Ajoutez les paillettes d'algues et la pâte de miso. Remuez, retirez du feu.

3 Répartissez les crevettes découpées, les vermicelles de soja et les herbes dans 4 bols. Versez le bouillon par-dessus et servez aussitôt.

Bouillon d'ail et croûtons au chèvre frais

Pour **4 personnes**
Préparation : **20 min**
Cuisson : **25 min**

1 tête d'ail – 1 tablette de bouillon de légumes – 1 brin de thym
1 feuille de laurier – 2 pincées de paprika – 60 g de pain de mie complet (2 ou 3 tranches) – 40 g de fromage de chèvre frais – 2 pincées de piment d'Espelette – sel et poivre

1 Pelez les gousses d'ail. Portez à ébullition 1 litre d'eau.

2 Ajoutez les gousses d'ail, le bouillon, le thym, le laurier, le paprika et du poivre. Couvrez et laissez cuire 20 minutes.

3 Retirez le thym et le laurier, mixez le bouillon. Rectifiez l'assaisonnement en sel et poivre.

4 Faites griller les tranches de pain de mie au grille-pain. Coupez-les en quatre.

5 Tartinez-les de fromage de chèvre. Saupoudrez d'un peu de piment d'Espelette.

6 Servez le bouillon bien chaud accompagné des croûtons au chèvre.

Salade de jeunes pousses à la grenade

Pour **4 personnes**
Préparation : **15 min**

120 g de pousses d'épinards – 20 radis rouges – 1 grenade – 8 cerneaux de noix hachés grossièrement – 3 tiges de coriandre rincées et effeuillées 2 cuil. à soupe d'huile de noix – 2 cuil. à soupe de vinaigre balsamique sel et poivre

1 Rincez et essorez délicatement les pousses d'épinards. Lavez les radis, coupez-les en rondelles. Ouvrez la grenade, récupérez les graines charnues.

2 Disposez les pousses d'épinards dans un saladier, ajoutez les radis, la grenade et les noix concassées. Assaisonnez de sel et poivre, d'huile de noix et de vinaigre balsamique.

3 Décorez avec les feuilles de coriandre et servez aussitôt.

Salade d'avocat, pomelo et graines germées

Pour **4 personnes**
Préparation : **20 min**
Cuisson : **5 min**

1 bel avocat – 3 pomelos roses – 1 barquette de graines germées (alfalfa, betterave, roquette...) – 30 g de graines de tournesol – 3 pincées de poudre de spiruline – 1 citron vert – 2 cuil. à soupe d'huile de noisette – sel et poivre

1 Coupez l'avocat en dés. Arrosez-le de jus de citron vert.

2 Pelez les pomelos à vif, puis découpez délicatement les quartiers en éliminant la pellicule qui les entoure.

3 Faites dorer les graines de tournesol dans une petite poêle, pendant 3 minutes, sans matière grasse.

4 Rincez et essorez les graines germées.

5 Disposez les quartiers de pomelo sur 4 assiettes. Ajoutez les dés d'avocat et les graines germées. Décorez avec les graines de tournesol, salez et poivrez.

6 Ajoutez l'huile de noisette et arrosez de jus de citron vert. Saupoudrez de spiruline et servez aussitôt.

Brocolis vapeur aux amandes et sauce au yaourt

Pour **4 personnes**
Préparation : **15 min**
Cuisson : **15 min**

600 g de fleurettes de brocoli (1 ou 2 têtes) – 2 yaourts à 0 % MG
1 cuil. à soupe d'huile d'olive – 10 brins de ciboulette rincés et hachés
1 gousse d'ail pelée et hachée – 30 g d'amandes effilées – sel et poivre

1 Rincez les brocolis, faites-les cuire 10 minutes à la vapeur, en les gardant légèrement croquants. Disposez-les dans un plat.

2 Mélangez les yaourts, l'ail, la ciboulette, l'huile d'olive. Salez et poivrez.

3 Faites dorer les amandes effilées pendant 3 minutes dans une poêle sans matière grasse.

4 Versez la sauce sur les brocolis, décorez d'amandes effilées et servez aussitôt.

Penne de quinoa, sauce aux noix

Pour **4 personnes**
Préparation : **15 min**
Cuisson : **10 min**

320 g de penne au quinoa – 50 g de cerneaux de noix – 3 cuil. à soupe de mascarpone – 1 cuil. à soupe de crème à 15 % MG – 5 brins de cerfeuil rincés, effeuillés et hachés – sel et poivre

1 Mixez la moitié des cerneaux de noix avec le mascarpone et la crème allégée. Ajoutez le cerfeuil, salez et poivrez.

2 Hachez grossièrement le reste des cerneaux de noix.

3 Portez à ébullition 3 litres d'eau salée dans une grande cocotte. Ajoutez les penne, laissez cuire 10 minutes environ (selon le temps indiqué sur le paquet), puis égouttez-les.

4 Versez les pâtes dans un saladier, ajoutez la sauce et servez aussitôt.

Tofu sauté et chutney d'oignon

Pour **4 personnes**
Préparation : **15 min**
Cuisson : **20 min**

2 oignons jaunes pelés et hachés très finement – 2 cuil. à soupe d'huile d'olive – 1 cuil. à soupe de sirop d'agave – 1 cuil. à soupe de vinaigre de riz
400 g de tofu ferme – 2 cuil. à soupe de sauce soja – 5 tiges de coriandre
sel et poivre

1 Découpez le tofu en dés. Disposez-le dans un plat, ajoutez la sauce soja et réservez.

2 Faites chauffer 1 cuillerée à soupe d'huile dans une sauteuse, ajoutez les oignons, laissez-les cuire 10 minutes à feu doux, en remuant, sans trop les laisser colorer.

3 Versez le vinaigre de riz et le sirop d'agave, salez, poivrez. Laissez cuire encore 5 minutes à feu doux.

4 Faites chauffer 1 cuillerée à soupe d'huile d'olive dans une poêle antiadhésive. Ajoutez le tofu égoutté, faites-le sauter 5 minutes à feu vif, en remuant délicatement. Salez et poivrez.

5 Servez le tofu accompagné du chutney d'oignon et de la coriandre.

Tomates et poivrons au four

Pour **4 personnes**
Préparation : **20 min**
Cuisson : **20 min**
Repos : **10 min**

4 tomates – 2 poivrons rouges – 1 oignon pelé et haché
30 g de cranberries – 30 g de pignons – 1 cuil. à soupe d'huile d'olive
1 cuil. à soupe de vinaigre de cidre – sel et poivre

1 Lavez les tomates et les poivrons. Coupez les tomates en quatre et les poivrons en lamelles, en retirant les graines.

2 Préchauffez le four à 210 °C (th. 7). Étalez les tomates, l'oignon et les poivrons dans un plat allant au four.

3 Ajoutez les cranberries et les pignons. Salez, poivrez et arrosez d'un filet d'huile.

4 Faites cuire 20 minutes au four. Laissez tiédir 10 minutes.

5 Arrosez d'un peu de vinaigre de cidre et servez aussitôt.

Filets de dinde au curcuma et lait de coco

Pour **4 personnes**
Préparation : **15 min**
Cuisson : **15 min**

4 escalopes de dinde (4 × 120 g) – 1 petite mangue pas trop mûre – 1 pincée de gingembre en poudre – 10 cl de lait de coco – 2 cuil. à café de curcuma 1 cuil. à soupe d'huile de colza – 5 feuilles de menthe ciselées – sel et poivre

1 Découpez les escalopes de dinde en lamelles. Pelez la mangue et coupez la chair en dés.

2 Faites revenir les lamelles de dinde dans une sauteuse avec un peu d'huile de colza. Laissez dorer 5 minutes.

3 Ajoutez les dés de mangue, le lait de coco, le curcuma, le gingembre, le sel, le poivre. Couvrez et laissez mijoter 10 minutes.

4 Ajoutez la menthe au moment de servir.

Crêpes à la farine d'épeautre et aux cranberries

Pour **4 personnes**
Préparation : **15 min**
Cuisson : **32 min**

150 g de farine d'épeautre – 15 cl de lait de riz – 2 œufs – 40 g de cranberries hachées – 2 cuil. à soupe de poudre d'amandes – 1 sachet de sucre vanillé – 4 cuil. à soupe de sirop d'agave – 1 cuil. à soupe d'huile de colza – 1 pincée de sel

1 Mélangez la farine d'épeautre, le sel, le sucre vanillé, les œufs et le lait de riz. Si la pâte est trop épaisse, ajoutez un peu de lait de riz.

2 Faites cuire 8 crêpes dans une poêle antiadhésive légèrement huilée, 2 minutes environ sur chaque face.

3 Repliez les crêpes en quatre.

4 Garnissez chaque crêpe d'un peu de sirop d'agave, de poudre d'amandes et de cranberries hachées.

Gâteau magique aux myrtilles

Pour **6 personnes**
Préparation : **20 min**
Cuisson : **45 min**

4 œufs – 130 g de farine de riz – 40 g de beurre – 50 cl de lait demi-écrémé
40 g de sucre en poudre – 1 sachet de sucre vanillé – 4 cuil. à soupe d'édulcorant à base de sucralose – 200 g de myrtilles – 1 pincée de sel

1 Séparez les jaunes d'œufs des blancs. Battez les jaunes avec le sucre en poudre jusqu'à ce que le mélange blanchisse.

2 Ajoutez le sucre vanillé, la farine de riz, le beurre fondu, l'édulcorant et le lait tiède.

3 Essuyez délicatement les myrtilles avec du papier absorbant.

4 Préchauffez le four à 120 °C (th. 4). Montez les blancs en neige très ferme, avec le sel.

5 Incorporez les blancs en neige à la préparation précédente.

6 Versez dans un moule à manqué de 20 cm de diamètre, garni de papier sulfurisé. Ajoutez les myrtilles.

7 Faites cuire 45 minutes à four doux. Laissez refroidir avant de servir.

Citronnade à la spiruline

Pour **4 personnes**
Préparation : **10 min**
Réfrigération : **2 h**

3 citrons jaunes – 1 petit morceau de gingembre – 5 feuilles de menthe rincées et hachées – 1 cuil. à café de sucre roux – 2 cuil. à café de spiruline en poudre

1 Pelez le gingembre, rincez-le et coupez-le en fines lamelles.

2 Pressez les citrons, versez le jus dans une carafe. Ajoutez le sucre, la spiruline en poudre, la menthe hachée et le gingembre.

3 Ajoutez 1,25 l d'eau. Mélangez et placez au frais pour 2 heures au moins.

4 Servez très frais.

Chocolat chaud aux épices et maca

Pour **1 personne**
Préparation : **5 min**
Cuisson : **5 min**

20 cl de lait de soja – 1 cuil. à café de cacao – 1 pincée de piment – 1 pincée de poivre de Sichuan en poudre – 2 gouttes d'extrait de vanille – 1 cuil. à café de poudre de maca – 1 cuil. à café d'édulcorant à base de sucralose

1 Versez le lait de soja dans un mug. Faites-le chauffer 1 à 2 minutes au micro-ondes pour qu'il soit bien chaud, sans le faire bouillir.

2 Ajoutez le cacao, le piment, le poivre de Sichuan, la vanille, la poudre de maca et le sucralose.

3 Mélangez et dégustez aussitôt.

Cocktail cranberry, pomme, carotte

Pour **2 personnes**
Préparation : **10 min**

20 cl de pur jus de cranberry – 10 cl de pur jus d'orange sanguine
2 carottes pelées et coupées en morceaux – 1 pomme pelée et coupée en morceaux – 1/2 citron vert – 1 cuil. à soupe de germes de blé en paillettes – 1 cuil. à soupe de levure en paillettes

1 Versez dans un blender les jus de cranberry et d'orange. Vous pouvez également utiliser une centrifugeuse.

2 Ajoutez les morceaux de pomme et de carotte. Mixez pour obtenir un jus homogène.

3 Versez un peu de jus de citron, les paillettes de germes de blé et de levure. Mélangez.

4 Versez dans 2 verres et dégustez aussitôt.

Carpaccio de kiwis et pomelos au citron vert

Pour **4 personnes**
Préparation : **20 min**
Repos : **30 min**

2 pomelos roses – 4 kiwis – 1 citron vert non traité – 100 g de fraises
2 cuil. à café de graines de chia – poivre

1 Versez les graines de chia dans un verre, ajoutez de l'eau froide et laissez gonfler pendant 30 minutes, puis égouttez-les dans une passoire fine.

2 Lavez le citron vert, râpez l'écorce pour obtenir 1 cuillerée à café de zeste.

3 Pelez les pomelos à vif : récupérez délicatement les quartiers en éliminant la pellicule qui les entoure.

4 Épluchez les kiwis, découpez-les en fines tranches. Rincez et épongez les fraises, coupez-les en fines tranches.

5 Disposez les tranches de kiwi et de fraise sur 4 assiettes. Ajoutez les quartiers de pomelo, les graines de chia égouttées et saupoudrez d'un peu de zeste de citron vert.

6 Arrosez de citron vert, poivrez légèrement et dégustez frais.

Fruits d'automne au four aux épices douces

Pour **4 personnes**
Préparation : **20 min**
Cuisson : **25 min**

2 pommes reines des reinettes – 2 poires fondantes conférence – 4 quetsches 4 reines-claudes – 1 pincée de cannelle – 1 pincée de curcuma – 1 gousse de vanille – 2 étoiles de badiane – 5 g de beurre (1 cuil. à café) – 10 g de sucre roux (1 cuil. à soupe) – 1/2 citron

1 Préchauffez le four à 180 °C (th. 6). Pelez les pommes et les poires. Coupez-les en quartiers en éliminant le centre. Rincez les prunes, coupez-les en deux, éliminez le noyau.

2 Disposez les fruits découpés dans un plat à gratin, sans trop les serrer. Arrosez d'un peu de jus de citron.

3 Ouvrez la gousse de vanille en deux dans la longueur, puis coupez chaque morceau en quatre. Cassez les étoiles de badiane en deux.

4 Saupoudrez les fruits de cannelle et de curcuma. Ajoutez la vanille et la badiane, saupoudrez de sucre roux.

5 Coupez le beurre en petits flocons, répartissez-les sur les fruits.

6 Faites cuire 25 minutes au four. Dégustez tiède ou froid.

Pannacotta aux framboises

Pour **4 personnes**
Préparation : **10 min**
Cuisson : **5 min**
Réfrigération : **2 h**

30 cl de crème allégée à 15 % MG – 30 cl de lait demi-écrémé – 3 cuil. à soupe d'édulcorant à base de sucralose en poudre – 4 feuilles de gélatine 1 sachet de sucre vanillé – 400 g de framboises – 4 feuilles de menthe

1 Faites tremper la gélatine dans un saladier rempli d'eau froide pendant 15 minutes, puis essorez-la.

2 Faites chauffer à feu doux la crème allégée et le lait additionné du sucre vanillé. Quand le mélange arrive à ébullition, retirez du feu.

3 Ajoutez la gélatine, 2 cuillerées à soupe d'édulcorant et remuez.

4 Versez le mélange dans 4 petits ramequins. Laissez légèrement tiédir, couvrez de film étirable et placez au frais pour 2 heures.

5 Démoulez les pannacotta sur 4 assiettes au moment de servir.

6 Décorez d'une feuille de menthe. Disposez des framboises autour. Saupoudrez légèrement d'édulcorant en poudre.

Crème onctueuse et légère au chocolat

Pour **4 personnes**
Préparation : **10 min**
Cuisson : **5 min**
Réfrigération : **2 h**

70 cl de lait demi-écrémé – 50 g de chocolat noir (45 % de cacao)
30 g de Maïzena® – 3 cuil. à soupe d'édulcorant à base de sucralose
2 jaunes d'œufs

1 Cassez le chocolat en petits morceaux.

2 Mélangez dans une casserole les jaunes d'œufs, la Maïzena® et le lait. Portez à ébullition en fouettant sans arrêt. Dès que la crème arrive à ébullition, retirez du feu.

3 Ajoutez le chocolat, continuez à fouetter jusqu'à ce qu'il soit complètement fondu.

4 Versez la crème dans un saladier, ajoutez l'édulcorant et fouettez la crème pendant 5 minutes pour qu'elle soit lisse et aérienne.

5 Couvrez de film étirable et placez 2 heures au frais avant de consommer.

Verrine aux fruits à l'agar-agar

Pour **4 personnes**
Préparation : **15 min**
Cuisson : **5 min**
Repos : **10 min**
Réfrigération : **2 h**

1 petit melon (300 g de chair net) – 150 g de fraises – 100 g de mûres 100 g de framboises – 100 g de grosses myrtilles – 2 g d'agar-agar (1 dosette) – 2 gouttes d'huile essentielle de menthe poivrée – 2 gouttes d'huile essentielle de citron – 3 cuil. à soupe d'édulcorant en poudre à base de sucralose

1 Délayez l'agar-agar dans 50 cl d'eau froide. Portez à ébullition, retirez du feu, laissez tiédir 10 minutes.

2 Ajoutez les huiles essentielles et l'édulcorant.

3 Pelez le melon, coupez sa chair en billes avec une cuillère spéciale. Rincez très rapidement les fraises, les mûres, les myrtilles et les framboises sous l'eau fraîche. Épongez-les. Découpez les fraises si elles sont grosses.

4 Disposez les fruits dans 4 verrines, en les mélangeant. Couvrez avec l'eau aromatisée, mélangez délicatement.

5 Couvrez de film étirable et placez au frais pour 2 heures au moins. Dégustez frais.

Tarte fine aux abricots

Pour **6 personnes**
Préparation : **25 min**
Cuisson : **25 min**
Réfrigération : **1 h**

150 g de farine – 75 g de margarine riche en oméga-3 – 700 g d'abricots rincés et coupés en quatre – 30 g de sucre roux – 2 cuil. à soupe d'édulcorant en poudre à base de sucralose – 40 g d'amandes entières – 1 pincée de sel

1 Travaillez la farine, le sel et la margarine pour obtenir un mélange sableux. Ajoutez 4 cuillerées à soupe d'eau et formez une boule. Couvrez de film étirable et laissez reposer 1 heure au frais.

2 Préchauffez le four à 180 °C (th. 6). Coupez les amandes dans le sens de la hauteur, en fins bâtonnets.

3 Étalez finement la pâte en forme de rectangle de 18 × 25 cm environ. Disposez-la sur une plaque à pâtisserie garnie de papier sulfurisé et piquez toute la surface avec une fourchette.

4 Disposez par-dessus les quartiers d'abricot, saupoudrez de sucre roux et décorez avec les amandes émincées.

5 Faites cuire 25 minutes au four.

6 Saupoudrez d'édulcorant à la sortie du four. Dégustez tiède.

Madeleines aux pépites de chocolat

Pour **6 personnes**
Préparation : **20 min**
Cuisson : **15 min**

100 g de farine de blé – 50 g de Maïzena® – 40 g de sucre roux – 60 g de margarine riche en oméga-3 – 60 g de pépites de chocolat noir – 2 œufs 1/2 sachet de levure chimique – 1 pincée de sel

1 Préchauffez le four à 150 °C (th. 5). Mélangez dans un saladier la farine, la Maïzena®, la levure et le sel.

2 Battez au fouet électrique les œufs entiers, le sucre roux et la margarine molle, mais non fondue.

3 Versez le mélange dans la farine et remuez à la spatule. Ajoutez les pépites de chocolat et mélangez.

4 Garnissez des moules à madeleine en silicone avec cette pâte. Faites cuire 15 minutes au four.

5 Laissez tiédir avant de démouler. Les madeleines se conservent 3 jours dans une boîte hermétique.

Flan à la mangue et au lait de coco

Pour **6 personnes**
Préparation : **20 min**
Cuisson : **25 min**

1 mangue pelée, dénoyautée et coupée en dés – 40 cl de lait de coco
70 g de Maïzena® – 3 œufs – 40 g de sucre roux – 30 g de noix de coco râpée
1/2 sachet de levure chimique – 1 pincée de sel

1 Préchauffez le four à 180 °C (th. 6). Disposez les dés de mangue dans un plat à gratin.

2 Mélangez la Maïzena®, le sucre, la levure et le sel. Ajoutez les œufs entiers, puis le lait de coco.

3 Versez le mélange sur les dés de mangue. Faites cuire au four 15 minutes.

4 Saupoudrez le flan de noix de coco râpée et remettez au four pour 10 minutes.

5 Dégustez tiède ou froid.

Crumble aux pommes et baies de goji

Pour **6 personnes**
Préparation : **25 min**
Cuisson : **25 min**

4 pommes à chair fondante pelées et coupées en dés – 25 g de baies de goji
30 g de noisettes hachées grossièrement – 60 g de farine – 30 g de flocons d'avoine – 50 g de margarine riche en oméga-3 – 40 g de sucre roux
1 pincée de sel

1 Disposez les pommes dans un plat à gratin. Ajoutez les baies de goji. Préchauffez le four à 180 °C (th. 6).

2 Mélangez du bout des doigts la farine, le sucre roux, le sel, les flocons d'avoine et la margarine.

3 Versez ce mélange sur les pommes, en tassant légèrement. Saupoudrez de noisettes hachées.

4 Faites cuire 25 minutes au four. Dégustez tiède.

Verrine aux graines de chia et lait d'amande

Pour **1 personne**
Préparation : **10 min**
Cuisson : **1 min**
Réfrigération : **30 min**

15 cl de lait d'amande froid – 1 cuil. à soupe de graines de chia
40 g de fruits rouges mélangés surgelés – 1 pincée de pétales de blé complet

1 Versez le lait d'amande dans un grand verre. Ajoutez les graines de chia. Placez au frais 30 minutes pour que les graines gonflent.

2 Passez les fruits rouges 30 secondes au micro-ondes et mélangez.

3 Versez-les dans le verre contenant le lait d'amande.

4 Saupoudrez de pétales de blé complet et dégustez aussitôt.

Ananas flambé, sauce sabayon

Pour **4 personnes**
Préparation : **15 min**
Cuisson : **15 min**

1 boîte d'ananas au jus d'ananas (350 g net) – 2 jaunes d'œufs – 30 g de sucre – 1 cuil. à café de Maïzena® – 15 g de beurre – 5 cl de rhum blanc

1 Égouttez les tranches d'ananas en gardant le jus (15 cl environ).

2 Travaillez les jaunes d'œufs au fouet, dans un petit saladier, avec 20 g de sucre et la Maïzena®, jusqu'à ce que le mélange blanchisse.

3 Placez le saladier au bain-marie, dans une casserole contenant de l'eau frémissante. Continuez à fouetter le mélange et ajoutez progressivement le jus d'ananas. Fouettez 5 minutes environ, la sauce tiédit et épaissit. Retirez du bain-marie.

4 Faites chauffer le beurre, saupoudrez de 10 g de sucre et laissez caraméliser.

5 Ajoutez les tranches d'ananas, laissez caraméliser 5 minutes à feu vif.

6 Retirez du feu, versez le rhum et faites flamber.

7 Disposez les tranches d'ananas sur 4 assiettes. Nappez de sauce et dégustez aussitôt.

Entremets au café façon tiramisu

Pour **4 personnes**
Préparation : **20 min**

150 g de mascarpone – 3 blancs d'œufs + 1 jaune – 8 biscuits à la cuillère
4 cuil. à soupe d'édulcorant en poudre à base de sucralose – 2 cuil. à café de sucre extra-fin en poudre – 10 cl de café expresso froid – 1 pincée de sel

1 Fouettez le jaune d'œuf, l'édulcorant et le sucre en poudre jusqu'à ce que le mélange blanchisse.

2 Ajoutez le mascarpone, mélangez délicatement et placez au frais.

3 Coupez les biscuits en deux. Montez les blancs d'œufs, additionnés de sel, en neige très ferme.

4 Incorporez délicatement les blancs en neige dans la préparation précédente.

5 Imbibez légèrement les demi-biscuits de café. Montez les tiramisus en commençant par 2 demi-biscuits, puis de la crème, et terminez par 2 demi-biscuits.

Petits pots de crème aux œufs au chocolat

Pour **4 personnes**
Préparation : **15 min**
Cuisson : **30 min**
Réfrigération : **2 h**

20 cl de crème allégée à 15 % MG – 30 cl de lait demi-écrémé – 3 œufs
1 cuil. à café de Maïzena® – 4 cuil. à soupe d'édulcorant à base de sucralose en poudre – 4 cuil. à café de cacao

1 Préchauffez le four à 150 °C (th. 5). Délayez la Maïzena® dans 2 cuillerées à soupe de lait froid, ajoutez les œufs et l'édulcorant puis mélangez au fouet.

2 Chauffez le reste du lait avec la crème, sans les faire bouillir.

3 Versez la préparation lait-crème sur les œufs battus en mélangeant au fouet. Ajoutez le cacao et mélangez.

4 Répartissez la crème dans 4 ramequins. Disposez-les dans un plat contenant un fond d'eau. Faites cuire 30 minutes au four.

5 Laissez refroidir, couvrez de film étirable et placez au frais 2 heures avant de servir.

Glace express aux fraises

Pour **4 personnes**
Préparation : **15 min**
Congélation : **30 min**

400 g de fraises – 200 g de brisures de framboises surgelées – 20 cl de lait concentré non sucré froid – 1 sachet de sucre vanillé

1. Essuyez délicatement les fraises, équeutez-les, puis mixez-les avec le sucre vanillé.
2. Versez les brisures de framboises surgelées dans le coulis de fraises, mélangez, placez au frais.
3. Battez le lait concentré au fouet électrique, dans un saladier, pour qu'il devienne bien mousseux.
4. Ajoutez le coulis de fraises aux framboises, mélangez rapidement à la spatule.
5. Versez dans des coupes et placez 30 minutes au congélateur avant de servir.

Milk-shake léger au yaourt saveur vanille café

Pour **1 personne**
Préparation : **10 min**

1 yaourt brassé nature – 1 boule de glace à la vanille – 5 cl de lait 1/2 cuil. à café de café instantané en poudre – 2 gouttes d'extrait de vanille liquide – 10 g de mini-marshmallows colorés

1 Mettez le lait, le yaourt, le café en poudre, la boule de glace et l'extrait de vanille dans un blender.

2 Mixez quelques instants pour obtenir un mélange lisse et mousseux.

3 Versez dans un grand verre, décorez avec des mini-marshmallows et dégustez aussitôt.

Mesures utiles

1 noisette de beurre végétal = 4 grammes

1 noix de beurre végétal = 15 grammes

1 cuillère à soupe

= 15 grammes de sucre, farine ou beurre

= 12 grammes de crème végétale ou d'huile

= 3 cl de liquide

= 3 cuillères à café

1 cuillère à café

= 5 grammes de sel, sucre ou beurre végétal

= 7 grammes de beurre végétal

= 0,5 cl de liquide

= 5 grammes de farine ou semoule

1 pincée de sel = 0,3 à 0,5 grammes

1 cuil. à café rase d'agar-agar = 2 grammes

Économat

Dans le placard

Sels (sel fin, fleur de sel, gomasio) et **poivres** (noir ou exotique)

Huiles de goût neutre (maïs, tournesol, colza) ou parfumées (olive, noix…)

Vinaigres (blanc, rouge, balsamique, de cidre…)

Laits végétaux (soja, riz, avoine, amande, coco…)

Crèmes végétales (soja, riz, avoine, amande)

Sucres (sucre blond ou complet, sirops d'érable ou d'agave…)

Sauces asiatiques (soja, tamari, hoisin, teriyaki…)

Farine de blé

Farines sans gluten (riz complet, sarrasin, pois chiche…)

Fécules de maïs wou de pomme de terre

Poudre levante bio

Cacao en poudre

Plaquettes de chocolat

Aides culinaires : bicarbonate alimentaire, agar-agar, bouillons et courts-bouillons bio déshydratés en cubes et en tablettes

Vanille (extrait ou gousse), extrait d'amande amère, noix de coco râpée…

Purées d'oléagineux (amande blanche, noisette, sésame 1/2 complet, cacahuètes…)

Riz, pâtes, semoule, céréales et légumineuses

Levure maltée ou de bière

Herbes

Épices

Fruits secs (dattes, figues, raisins…)

Oléagineux (amandes, noisettes, noix, cajou…)

Graines (chia, lin, sésame, tournesol, courge, pavot…)

Purée de tomates

Ail, échalote, oignons et pommes de terre

Graines (sésame, lin, tournesol…)

Tomates en conserve

Ail, échalote, oignons et pommes de terre

Dans le réfrigérateur

Moutardes

Herbes aromatiques fraîches

Tofu

Jus de citron

Yaourt au soja

Compote de pommes

Olives

Gingembre frais

Dans le congélateur

Herbes

Fruits

Légumes

Table des recettes

Petits déjeuners et en-cas vitaminés

Petits plats légers pour petites faims

Plats express et légers

Recettes cocooning… mais légères

Recettes santé avec les superaliments

Desserts gourmands

Index

Emilie Laraison remercie Diane et Didier
pour leur confiance et Séverine Di Giulio
pour son aide précieuse tout au long du projet.
Shopping : Margot Lhomme céramique,
Poterie de Guéthary, Merci, La Trésorerie, Hema.

Direction : Didier Férat
Direction éditoriale : Fanny Ecochard Martin
Édition : Marjorie Goussu
Création gaphique : Julia Philipps
Réalisation de la couverture : Chloé Senget
Mise en page : Sébastien Chenaud
Photogravure : Chromostyle
Fabrication : Laurence Duboscq

ISBN : 978-2-263-18631-8
Code éditeur : L18631
Dépôt légal : janvier 2024
Imprimé en Espagne par Egedsa

#lisez! engagé
www.lisez.com
Pour plus d'information :
Imprimé sur du papier issu
de forêts gérées durablement.